世界一受けたい

「心理学×哲学」の授業

嶋田将也

世界一受けたい
「心理学×哲学」の授業

はじめに

絶対に悩まない方法は存在します。
この方法さえ実践すれば、絶対に一生悩むことはなくなるでしょう。

その方法とは……
自分が悩むと分かっていることには決して手を出さないことです。

こんな状況を経験したことはありませんか？
恋愛で悩んでいる友達が、あなたに悩みを聞いて欲しいと助けを求めてきました。
快諾したものの、あなたは納得がいきません。
だって……
その友人の付き合っている人は、その友人自身が過去に悩まされ、いっぱい傷つけられた恋人に見た目や性格がそっくりだったからです！

あなたからすれば、「どうして過去の経験を生かさなかったんだよ！」と言いたくなるのも無理はありません。

そうです。その友人も過去の経験をしっかり糧にしていれば、この人と付き合ってもどうせうまくいかない、となったはず。

つまり、飛んで火に入る夏の虫のごとくわざわざ自分から悩みに足を踏み入れているも同然なのです。

この話をバカらしいと思った方に聞きます。

それでは、いよいよ大人と呼ばれる年齢になって、いろいろな経験もしてきたはずの「あなた」であるにも関わらず、なぜ未だに悩みが絶えないのですか？


――それはまだまだ自分の心のことを知らないからです。

自分の心のことをしっかり知っていれば、悩むと分かっている「災い」の中にわざわざ足を踏み入れることはしません。

それに、どうしても手に入れなければいけないものがあって、トラブルを回避できないとしても……

悩む心を癒す方法さえ知っていれば、傷を治しながら、前に進めるはずなのです。

いわゆる、絶対に悩まない人生を歩めるかどうかは、「自分の心の取扱い説明書」を持っているか否かにかかっているということ。

ゲームにしてみても、説明書を読まずにゲームをスタートさせるのと、読んでから進めるのでは、明らかに攻略の難易度は変わるはずですよね。

人生においても、この心の説明書を持ち、自分がどんなことで悩み、自分がどんなことで喜び、そして自分がどのようにして悩みから立ち直っていくのか、などを知ることで、攻略の難易度はぐんと下がるわけです。

そこでこの本では、どちらも自分の心を理解するために有効だと言われる学問「哲学」と「心理学」2つのいいところだけを抽出し、掛け合わせた思考法を紹介していきます。

ちなみに、この2つの学問の共通点は「答えが人それぞれ違う」ということです。だからこそ絶対的な解答ではなく、「自分だけの答えを見つける」ということを第一として書きました。

ぜひ、この本をきっかけにあなただけの正解を見つけてもらえればと思います。

「心が変われば行動が変わる。
行動が変われば習慣が変わる。
習慣が変われば人格が変わる。
人格が変われば運命が変わる」

これは哲学者であり、心理学者でもあるウィリアム・ジェイムズという方の言葉です。

あなたの心を変えることが、あなたの決まりかけた人生を変える第一歩。
1時限目の1ページ目から少しずつ、新しいあなたに出会えることを願って、「はじめに」とさせていただきます。

2016年6月吉日

嶋田将也

目次

3時限目

人生を今から変える成功法則

4時限目

がんばるだけが人生じゃない

1時限目

この世のしくみ

世界に意味をつけているのは自分でしかない

私たちは五感を通して外側に起きる情報を捉《とら》えています。

①**【視覚】**を通して、色や物体を見ます。
②**【聴覚】**を通して、静寂や騒音など音を聞き取ります。
③**【味覚】**を通して、苦い、甘いなど物の味を感じます。
④**【触覚】**を通して、硬い、軟らかいなど物の感触を感じます。
⑤**【嗅覚】**を通して、くさい、爽やかなど物の匂いを感じます。

このように目の前の物事を判断・解釈・認識することを、専門的な言葉で「認知」と呼びます。

そしてこの「認知」というのは、この外側の情報を五感がキャッチした時に「何をするか」を考えるために存在しているのです。

例えば、「くさい！」と認知すると鼻をつまみ、「辛い！」と認知すると水を飲んで辛さを抑えようとするように——。

動物ももちろんこの「認知」を持っています。

シマウマがライオンという存在の情報をキャッチすると、シマウマは「危険だ！」と感じ、逃げますよね。

つまり、シマウマは【視覚】を通してライオンの姿を見て、
↓認知（ライオンをライオンとして認識）
↓何をしよう？
↓逃げる！

という流れがあるのです。

ただし動物というのは生命維持だけのためにこの認知を活用しているのに対し、人間は動物より認知のチカラが優れています。

これはなぜでしょう？

この理由を探るために、まず動物と人間の違いを探ってみましょう。

・動物とは？

↓生命維持のため、三大欲求（食欲・性欲・睡眠欲）で動く

・人間とは？

↓生命維持のために特化された能力がない分、考えて動く

つまり、人間は〝考えて〟動かなければいけない分、「何をするか」を考える認知のチカラが優れているという訳です。

例えば雨。
雨が降ると皆さんどうしますか？
雨を認知して↓傘をさしますよね。

ここまでは至って普通の認知です。
しかしあなたは、雨が降ると「嫌だなぁ」「だるいなぁ」というようにネガティブな気分になります。

これは、人間の認知が無意識に
「雨だと濡れて風邪をひく」
「雨に濡れると面倒だ」

という過去の経験に基づいた意味づけをしてくれるのです。

でも……冷静に考えてみてください。

雨自体に「嫌だ」「面倒だ」「だるい」という物質が入っていますか？


そうです。これらは人間が後からつけた意味づけにほかなりません。

しかし、私たち人間は鈍感なもので、後から自分が意味づけしたことに気づかないのです。

だから、私たちは知らぬ間に、それに対して勝手に傷ついたり、落ち込んだりしているというわけ。


じゃあ、どうすればネガティブにならずに済むのでしょうか？

その答えは簡単です。

「目の前の現実に、自分が勝手に意味づけをしている」ことに気づけばいいのです。

本来は意味なんてないものに対して、
↓自分で勝手に意味をつけて
↓自分で勝手に傷ついている
という、なんとも不毛な事実に気づけばいいだけなんです。
だからこそ、もし今後落ち込むことがあったら、ぜひ心の中で唱えてみて欲しい言葉があります。
それが、
「落ち込んだこの出来事に意味なんかないじゃん！」
です。

例えば、「雨が降って嫌だなぁ」という気分になった時。

「いや、雨に意味なんかついてないじゃん！」と心の中で唱えてみるのです。

そう。ただ雨が降っているだけで、その雨に「嫌だ」とか「辛い」という意味は含まれていないですよね。

これは、人間関係でも同じことが言えます。

①上司や部下が「苦手」
↓上司や部下自体に「苦手」という意味がついてるわけじゃないじゃん！
↓は！　そうか！　むしろそこに「苦手」と意味づけしているのは自分だった！

②仕事が「嫌い」
↓仕事に「嫌い」という意味がついてるわけじゃないじゃん！
↓は！　そうか！　むしろそこに「苦手」と意味づけしているのは自分だった！

多くの人が陥りやすい罠が、「嫌いな人」や「苦手な人」を見た時（認知した時）に、

- その人の良い所を探す
- その人を好きになろうとする

というように無理やりポジティブシンキングになることです。

実は、このプラス思考でいる間ずっと、「嫌い」ということに心が支配されています。

だって、良い所をむりやり探そう！　好きになろう！　とすることは、嫌いじゃないとできませんからね。

そうではなく、相手が「嫌い」「苦手」というのは、自分が創りだしたもので、本当はそんな意味は存在しないんだ！　と知ることが大切なのです。

知るだけでいいのか？　と思うかもしれません。

でも、知るだけでいいんです。

無理矢理に良い方向に考える必要もないのです。

勘違いして欲しくないのが、私が言いたいことは「この世界に意味なんてない」ということではないということです。

人は認知によって全てに意味をつけながら生きています。

つまり、「もともとの現実には、意味がついていない」ということを知っているかどうかが問題なのです。

「もともと意味がないもの」に意味をつけるのが人間なのです。

こうやって「意味づけをしているのが自分」と知ることで、目の前の現実に心が支配されにくくなります。

結果、心がネガティブな認知から解放されるわけですね。

まとめ

自分の解釈次第で目の前の現実は変わる

「プロセス」と「結果」どっちが大切？

この世界の人々の行動には必ず‼　絶対に‼　１００％‼

プロセスと結果が存在します。

プロセス……結果が起きるまでに自分が起こした行動。
結果……行動の後に起きた変化。終着点。

では、このプロセスと結果……どちらが大事だと思いますか？
まぁ、どっちも大事なんですけどね（笑）。

でも、私は「プロセス」のほうが大事だと考えています。

「いやいや終わり良ければ全て良し！　って言うじゃないの！」って思うかもしれませんが、プロセスのほうが大事だという理由は何も難しいことではありません。

その答えは老子が教えてくれています。


よく老子に帰せられるこんな言葉があります。

「**授人以魚　不如授人以漁**」

これは飢えている人がいた時に「魚（結果）を与える」か「魚の釣り方（過程）を教える」か、どっちが大切だと思う？　という話を提起しています。

あなたもぜひ、目の前に実際に飢えている人がいた場合、

「**魚を与える**」

or
「**魚の釣り方を教える**」

どっちがその人のためになるか考えながらこの先を読み進めてみてください。

……。

どうですか？

飢えている人に魚を与えればその人は1日の飢えをしのぐことができるでしょう。
でも……魚の釣り方を教えれば一生、食を満たすことができるでしょう。

これが、プロセスのほうが大切だ！　と言える理由です。
もう1つ例を出してみましょう。

ある学校でA、B2人の生徒がテストを受け、結果がでました。

A：テストでカンニングをして100点
B：テスト前で努力したが60点

見ての通り、この時点ではAのほうが成績は「上」と言えますね。
では、将来的に成績が伸びるのはどちらでしょうか？
間違いなくBですよね。

結果は嘘をついても過程は嘘をつかないのです。

まとめ

プロセスが良ければ結果はついてくる

一生後悔せずに済む方法

故事成語にこのようなものがあります。

【人間万事塞翁が馬】

中国に占いの上手な老人がいました。
ある日その老人の飼っている馬が逃げ出してしまいました。
近所の人々は気の毒がって老人をなぐさめに行きました。
すると老人はこう言ったのです。

「悲しむことはない。このことが幸福にならないとも限らないよ」

そしてしばらく経ったある日、逃げ出した馬が良い馬をつれて帰ってきました。
そこで近所の人たちがお祝いを言いに行くと、老人は首を振って言いました。

「喜ぶことはない。このことが災いにならないとも限らないよ」

しばらくすると、老人の息子がその馬から落ちて足の骨を折ってしまいました。
近所の人たちがかわいそうに思ってなぐさめに行くと、老人は平然と言いました。

「悲しむことはない。このことが幸福にならないとも限らないよ」

——1年後。

戦争によりほとんどの若者は徴兵されて、その多くが命を落としました。
しかし、塞翁の息子は落馬による骨折で徴兵されず、戦争により命を落とさずに済んだのです。

というお話です。

この話からも分かる通り、結局、人生なんて何が幸せや不幸につながるかは分かりません。

だから、起きた出来事を安易に後悔する必要はないのです。

こんな言葉をよく耳にします。
「たった一度の人生、後悔しないように過ごそう！」
「後悔しないように勉強しなさい！」

そんな人のためにもう一度言います。
「後悔なんてする必要がない」のです!!

例えば、想像してみてください。
友人と2人で食堂に行くと、
「肉」
と
「魚」、
2種類の定食が1つずつ残っていました。
どちらもおいしそうで、悩んだあげく……
あなたは「肉」、友人は「魚」を頼んだとします。

いざ、料理がテーブルに届くと、友人のもとにきたおいしそうな魚定食を見て、あなたはこう言います。

「くそ…！　魚定食にしておけばよかった……（泣）」
では、最初から魚定食を選んでおけばよかったかと言うと、そういうわけではありません。この場合もおそらくあなたは
「肉にしておけばよかった……（泣）」
と言うことでしょう。

つまり、どちらを選んだって、どうせ後悔するんです（笑）。

どうせ後悔するんだったら、後悔を恐れるだけ無駄ですよね。

それに、過去を振り返ってみると、

「テストの勉強をまったくやってなくて〝0点〟確定だ……」

「クライアントを怒らせちゃって、俺もうクビかも……」

「大好きな彼氏にふられて、一生恋なんてできない……」

なんて当時は〝この世の終わり〟ぐらいに思っていた出来事も、今では笑い話にしているってこと、たくさんあるのではないでしょうか？

このことからも分かるように、後悔なんて一瞬のものに過ぎません。
今あなたが何かに後悔していても、未来で必ず後悔は消えているということです。
だから過去の悩み（後悔）を、そんなに大切に抱えるのはもう、やめにしませんか？
その悩み、きっと未来では消えています。
それよりも今あなたがすべきことは「これから何をすべきか」を考えることです。

「過去と他人は変えられない。
しかし今ここから始まる未来と自分は変えられる」
これは、精神科医エリック・バーンの言葉です。

仕事の成績が悪いならば、
「あの時、ああすればよかった……」
「なんで、あの人にあんなこと言っちゃったんだろう……」

と、絶対に変えられない過去で悩んでいては、未来は何も変わりません。

「失敗を生かすためにどうすればいいだろう？」

「次はどうすれば、成功できるだろう？」

そう考える時、未来は変わりだすのです。

まとめ

後悔なんてするだけ無駄

みんなネガティブで、みんなポジティブ

人は1つのものを手にしていると、逆のものが欲しくなります。

焼肉を食べていると、口の中が少しずつ油っこくなってきて、アイスクリームを食べたくなりませんか？

まさにこれも逆のものが欲しくなってきていますよね。

この現象が起こる理由は、人には常にバランスを取ろうという性質があるためです。


これは「光と影」を例えにすると分かりやすいでしょう。

光が強くなればなるほど影も強くなりますよね。

光が「10」になれば影も「10」になります。

成功法則などではしばしば「成功するには成功者と一緒にいることだ」と言われます。

これはなにも「成功者の波動」なるものが伝達して「成功者」にしてもらえるのではありません。

成功者と一緒にいると、それと正反対の自分のダメな部分がますます強く出て、正すべきところが見えるから成功する、ということです。

この時、
成功者＝光
自分＝影
という構造になっています。

具体的に言えば次のようなことです。

まず、前向き＝ポジティブな人たちの中に急にネガティブな自分が入ると、恐らく大抵の人は「劣等感」を感じます。

「嫉妬」

「自信をなくす」

「自分はダメだな……（劣等感）」

「あいつは環境が良かったからだろ（言い訳）」

などなど【ネガティブな自分】がどんどん湧き出てくることでしょう。


では、逆を考えてみましょう。

愚痴っぽくネガティブな人たちの中にあなたが入るとどうでしょうか？

大抵の人は、

「自分はまだマシだ」

「この人たちみたいにはならないようにしよう」

こんなふうに「優越感」を感じます。

それは、あなたの中の【ポジティブな自分】が少し出てきているからなんです。

一見、「じゃあ、ネガティブの中に身を置いたほうがいいじゃん！」と思われるかもしれませんが、ちょっと待ってください。

①ポジティブな人たちの中に身を置く時

②ネガティブな人たちの中に身を置く時

それぞれの場合におけるあなたの中の意識の流れを見てみましょう。

シーン①：ポジティブな人たちの中に身を置く時

「ポジティブ（成功）の中に入る」

↓「気持ちのバランスを取ろうとする」

↓「ネガティブな自分が出る」

↓「ネガティブな自分とバランスを取ろうとする」

↓「自分の中のポジティブ（成功）が出てくる」

↓「ポジティブ（成功）に近づく」

シーン②：ネガティブな人たちの中に身を置く時

「ネガティブの中に入る」
↓「気持ちのバランスをとろうとする」
↓「ポジティブな自分が出る」
↓「ポジティブな自分とバランスを取る」
↓「ネガティブな自分が発生」
↓「ネガティブになる」

シーン①とシーン②のどちらに身を置きたいかと問われたら、恐らく人はシーン②を選びがちです。

それは楽だからです。

最初は優越感も感じられて、いい気持ちになるかもしれません。

でも、先ほどの意識の流れを見ていただければ分かる通り、結局はネガティブになって

しまうだけです。

だからこそ、もしあなたがポジティブな人間を目指すならば、ぜひシーン①のようにポジティブな人たちの中に身を置いてみてください。

最初は、劣等感が襲い

「嫉妬」

「妬み」

「自信喪失」

というネガティブな感情が起きるでしょう。

しかしその時に、

「おっと、ネガティブが出てきたぞ。でもこのおかげで現状維持しようと【ポジティブな自分】が出てくるぞ！」

と思えれば、少しはこの劣等感も楽しめるのではないでしょうか。

苦労なくして成長はありません。
最初は苦しくともぜひポジティブな人たちの中に身を置き、出てきたネガティブは成長痛だと思って、乗り越えてくださいね。

まとめ

ネガティブはポジティブになる準備期間

人生の感想を言うには まだ早すぎる？

物語、映画、ドラマ、会話……。

この世界のありとあらゆるものに【起・承・転・結】があります。

【起・承・転・結】とはつまり、

【起】

【承】

【転】

【結】

の4つの段階から成り立つものです。

【結】がオチと呼ばれる存在で、【起】【承】【転】はその【結】を起こすためのプロセス（過程）……つまり引き立て役になります。

話の中で【起】【承】【転】だけあって【結】がないと、面白くもないし泣ける事もありませんよね（笑）。

それぐらいストーリーにおける【結】の部分は重要な役割を果たしていると言えます。

ではもしあなたが友人に漫画を貸したとして、その友人が10ページぐらい読んだだけで、「これ、面白くない！」と言って返してきたら……

どう思いますか？

「1ページでなにが分かるの！」

「その先が面白いのに！」

「あと少し読んでから感想言ってよ！」

と思わず言ってしまうのではないでしょうか？

でも実は、多くの人が「人生」において、同じことをしています。

多くの人は結果が出る前から、

「これはダメだな」

「これは私には向いてない」

と言ってるんです。

これは【結果】のほうからすれば、

「少しやっただけでなにが分かるの？」

「いやいやその先が大事なんだって！」

と言いたくなるはずです（もちろん【結果】に口はありませんが……）。


あなたは、映画館で映画を見ている時に【起・承・転】の部分だけを見て、

「これ面白くなさそうだから……」

と帰ったりしますか？

つまらなかったとしても、とりあえずは最後まで観る人がほとんどだと思います。

そして最後のシーンを見て、〝面白かった・面白くなかった〟の判断をするはずです。

ずっと「？」の連続だった映画が、「結」の部分によって【起・承・転】全てが繋がるなんてこともよくあるものです。


人生で言えば、失敗したことも、【起・承・転・結】が含まれた、1つのストーリーの一部なのです。

失敗した時は逃げたくなったり、後悔もするでしょう。

しかし【結】を迎えた時には、「あぁ失敗も必ずしも悪いことではなかったな」と思えるはずです。


私は高校受験で第一志望の高校に落ち、第二志望の高校に行くことになりました（ちなみに、第一志望の高校を志望した理由はエスカレーター式に大学に上がれるからということでした。……はい、楽がしたかっただけです）。

この時、テンションはダダ下がり……恥ずかしながら大泣き。

もっと「勉強しとけば良かった」と後悔しました。

しかし第二志望の高校に入学し、本当に大切で最高の親友ができました。

そして大学受験では、不合格だった〝高校からエスカレーター式で上がれる大学〟以上の偏差値が必要なところに合格することもできたのです。

この時、私は思いました。

「あぁ、あの時、第一志望の高校に落ちてよかったなぁ！」と。


そう。【結】をむかえた時に過程の「点」と「点」が結ばれて「線」になっていることを初めて知るのです。


ただここで勘違いしないで欲しいのは、物事は【起・承・転・結】で成り立っているから最後まで必ずがんばらねばならない、というわけではないこと。

自分にやれること（準備）をやってもダメだったらそれは諦めてください。

「諦める」というのは、本来は仏教用語で「明らかにする」という意味です。

神よ、変えられることは変える勇気を、
変えられぬことは受け入れる冷静さを、
そして、この2つを見分ける知恵を与え給え。

アメリカの神学者ラインホルド・ニーバーという人の言葉です。

これは仏教的に言えば、

「物事の道理をわきまえ、自分の願望が達成されない理由を明らかにすることにより納得して断念する」

という意味になります。

仮にですが、痩せようとしても痩せられないのならば、それは諦めていいんです。

「諦める」とは途中で逃げ出すことではありません。
物事を「明らか」にして、納得して断念することです。

最後に「自分の人生なんかもう終わりだ！」と思っている方へ。
まだ人生の感想を言うのは少し早いのではないでしょうか？　その苦しみ、ストーリーで言えば、まだまだ【起】の部分で、この先良いことに繋がっていく可能性は十分にあるのです。

まとめ

失敗が結末とは限らない。その先の成功に期待しよう

2時限目

私のしくみ

自分の「心」は自分で決める！

よくいじめや刑事事件が起こると「心の問題だ！」なんて騒がれます。

それに「自分の心は自分で決めなさい！」とも言いますが、そもそも「心」ってなんなんでしょう？

目に見えない部分ですから、なかなか説明しにくいですよね。

では、まず「心」がどのようにして形成されていくのか見ていきましょう。

実は、この心ができあがっていくにあたり、直接影響を与えるのは、次の3つの要素だと言われています。

心に影響を与える要素①：環境

心に影響を与える要素の1つ目として「環境」が挙げられます。

例えば、「天気」。

・部屋がすごく暑い→イライラする（悪い気分）。
・朝から雨がどしゃぶり→だるいなぁ（悪い気分）。
・朝から天気が快晴→気持ちいいなぁ（良い気分）。

こんなふうにある「環境」が与えられたことをきっかけに「心（気分）」が変わっているのが分かると思います。

心に影響を与える要素②：経験・出来事

次に挙げられるのが、「経験・出来事」です。

・最近良いことないんだよなぁ→ブルーな気分
・信号に一度もつかまらずに目的地に到着できた！→良い気分

・交差点のたびに信号につかまる↓悪い気分

様々な「経験・出来事」を通して、私たちの心はプラスになったりマイナスになったりしています。

心に影響を与える要素③：他人

最後は「他人」です。「人間関係」とも言えるでしょう。

・苦手な人が横に座る↓悪い気分
・苦手な人が部屋に入る↓悪い気分
・仲の良い友達が遊びにくる↓良い気分

他人に対して「好き」や「嫌い」、「どうでもいい」などの感情が上下左右に動きますから、ここでもまた「心」は形成されていきます。

そして私たちは必ずと言っていいほど、「悪い気分」になった時、この3つ（環境・経験・他人）の要素のせいにしています。

私「どうして朝から機嫌悪いの？」

A「だって朝から雨で、びしょ濡れになっちゃってさ……（だから気分が悪い）」

私「落ち込んでるみたいだけどどうしたの？」

B「さっきおみくじ引いたら〝大凶〟が出たの……（だから気分が悪い）」

私「何でそんなにイライラしてるの？」

C「だって部下が言うこと聞いてくれなくてさぁ……（だから気分が悪い）」

こんなふうに、私たちは気分が悪くなった時、自分のせいじゃなくて「何か（環境・経験・他人）」のせいにすることで自分を守ろうとするんです。

いわゆる「言い訳」です。

この「言い訳」ですが、いい意味で捉えられることは少ないですよね。

では、一般的に良くないと言われる「言い訳」を私たちがいつまで経ってもやめられないのは、一体、なぜでしょうか？

その理由には3つあります。

1つ目。

「環境・経験・他人」が、そこにいたり、起こったりしていることは、誰がどう見ても事実で、理由づけとしては嘘でも、他人を納得させる弁解材料になりやすいからです。

事実を楯に取られると、人はつい引いてしまいます。そこで、「事実」を言い立てる「言い訳」が効果を発揮することになり、その効果を経験的に知っている私たちは思わず言い訳に走ってしまう、という訳ですね。

２つ目。

言い訳するほうが楽だからです。

脳科学者の茂木健一郎さんも
「人の脳は楽なほうに進むようプログラムされている」

と言っています。


３つ目。

言い訳するほうが自分を守れるからです。

人間は誰しも、自己正当化をしたいという欲求があります。つまり、「１００％自分が正しい」と思いたいのです。


これら3つの理由をまとめると、つまり……私たちは「言い訳してしまう」というあらがいようのない仕組みを持っているということになります。

だからこそ、「言い訳しない自分」になろうとするのではなく、「言い訳するのは人間の仕組みだからしょうがない」とこの事実をまず認めて、受け入れてください。

とは言っても、できる限り言い訳の数は減らしたいものです。

そのためにはどうすれば良いのでしょうか?

効果的なのは、「言い訳」をしていると、外側の存在にどんどん支配されることを、まずは〝知る〟こと。

例えば、

怒られて、言い訳をする

↓ウソを現実にするために言い訳を重ねる

↓そのウソを現実にするため、さらに言い訳を重ねる……

といった具合に、言い訳をしているとどんどん自分の状況は悪くなっていきますよね。

こうやって「言い訳をしていると状況が絶対に悪くなっていく」という事実さえ知っていれば、言い訳が得策じゃないことは分かると思います。

まとめると、言い訳をすると、「一瞬だけ楽になる」が、「自分の心は外部に支配される」。でも、「外部の事実は変えられない」ので、「結局ストレスがたまる」ということになります。

ここでもう1つ大事なことがあります。

それは、私たちは、あまりに世間的な「理由」をもとに決断すると、悪い気分を引き寄せるということ。

例えば、「何でこの会社に就職したの？」「何でこの学校に入学したの？」と聞くと、

「この会社はボーナスがいいから」

「この会社は土日が休みだから」

「この学校は有名で就職に有利だから」

などの答えが返ってきます。

一見、これらは自分で自分が本当にやりたいことを決めているように見えますが、違います。

「会社のボーナスがいい」、「土日が休み」、「就職に有利」といった、外部の理由だけを頼りに決めているからです。

それにこれらの理由とは、脳が作り出す妄想の範囲に過ぎません。

会社の業績が悪くなったとしても、ずーっとボーナスは出ますか？

私達が決断する〝前〟の理由は「永遠不滅ではない」ということです。

そういった理由だけで働いていると、

「ボーナスが減る」

「土日が休みじゃなくなる」

「学校の就職率が下がる」

などの状態になると、人は文句を言い出します。つまり「悪い気分」に傾きだすのです。

逆に、

「何でこの会社に就職したの？」と聞いて、

「どんだけお金が低かろうが、自分がやりたいから」

という人は景気が悪くなろうが気分が悪い方向に傾くことはありません。

だからこそ、「自分で決めた」ということがとても大事なのです。


ただ「外的理由をつけない」「言い訳しない」ことを心がけるだけではなく、「自分で決めたから」という不変不滅の真実に目を向けることで一気に人の心は安定に向かっていくのです。

哲学者・デカルトの言葉に、

「我思うゆえに我あり」

というものがあります。

これは、裏を返せば、

「我思わない故に我なし」

ということになります。

私たちが日々生きている時に、物事を意識しなければ、それは存在していないのと同じ。

「自分の心は自分で決める」

「自分が決めて行動した」

ということも、自分が意識しなければ存在していないのと同じです。

そして、もし存在しないとなると、

「自分の心は周りに左右される」

「周りが自分の行動を決めた」

ということになるでしょう。


意識的に「自分の心は自分で決める」。

初めは1日に1回ずつでもいいです。

もしくは、会社の机に「自分の心は自分で決める」というメモ1つ置くだけでその存在を意識づけられます。

1日の間に、自分が【環境・経験・他人】の影響を受けたことをピックアップしてみるのもいいでしょう。

「こんなことを言い訳にしてたなぁ」と知ることにも繋がりますから。

そして「言い訳しても心は良い方向に傾かないな。そうだ、『自分の心は自分で決める』だったな」と思い出して欲しいのです。

まとめ

悩まないために自分の決断に責任を持とう！

日常的にランナーズ・ハイを起こす方法

皆さん「良い気分」がお好きですか？

それとも「悪い気分」がお好きですか？

私はもちろん「良い気分」が大好きです（笑）！


ところで、みなさん「ランナーズ・ハイ」って言葉の意味をご存じでしょうか？

簡単に言うとマラソン中に、脳からアドレナリンが出ることで気分が高揚・興奮し、「疲れ」「呼吸の乱れ」「足の痛み」などを感じなくなることです。

またの名を「ゾーン状態」と言ったりもしますね。


日常生活でもこの「ランナーズ・ハイ」や「ゾーン」の状態に、意識的に入れたらパフォーマンスが上がるのに……と思いませんか？

実は、日常生活でも実現可能なんです。そして、そこに入る条件が「良い気分」であることです。

良い気分でいると「自分のパフォーマンス」が上がることはイメージがつくと思いますが、これが最高潮に達すると、「ランナーズ・ハイ」「ゾーン」の状態に入るのです！

逆に悪い気分になると、もちろん「自分のパフォーマンス」は下がります。

そしてこの「悪い気分」が最高潮に達すると、「憂鬱」が起きます。さらにこの「憂鬱」が長引くと「鬱病」になることもあるのです。

実は、私はこの「ゾーン状態」と「鬱状態」、どちらも経験したことがあります（結構なネガティブ人間だったので……笑）。

それぞれの心の状態をまとめるとこんな感じです。

ゾーン状態に入った時。

「1時間が5分程度に感じる」
「疲れを感じない」
「ぼーっとしてても集中力が高い」

鬱に近い状態になった時。

「動いてもないのに体が重い」
「息がしづらい」
「食欲が湧かない」

こうやって見てもやっぱりいつでも「良い気分」でいたほうがよさそうですね！

しかしです……

私たちの気分、いわゆる心って目に見えないですよね？

体の隅々を探しても心って見つかりません。

つまり自分が今「良い気分」なのか、「悪い気分」なのかなんて実際、分からないんです。「良い気分」と「悪い気分」の指標があればいいですが、そんなものないですしね。

「携帯電話」の電波のように、一発で電波状況さえ分かれば、わざわざ「電波が悪い（＝悪い気分）」の時に、電話をかけようとは思わないのに……。

もちろん電波が悪いことがいけないと言っているわけではありません。

ただ電波が悪い（＝悪い気分）のに、メールや電話をむりやりしようとしているのがおかしいということです。

もしあなたの携帯が室内で圏外になっていたらどうしますか？

電波がいい場所を探して、電話なりメールなりをするでしょう。

人間の心も携帯と同じで、その時の電波（心）の状態で、

「どんなことができるのか／できないのか」

「どんな能力が生かせるのか／生かせないのか」に気づいて実際に行動に移すことが大事なのです。

とは言っても先ほども「指標がない」とお伝えしたように、体のどこかで電波を表示してくれることはないですよね。

ですから大抵の人は心の状態に気づこうとしないし、後回しにして振り返った時に「そういえばそうだったなぁ」と気づくのです。

じゃあ事前にどのようにして気づけばいいのでしょう？

それが「感情に気づく」ということ。

「イライラすること」自体が悪い気分になることではありません。イライラしていることに気づかず、イライラに振り回されるから悪い気分になるのです。

だからこそ、日常の中で、「今、イライラしてるな」と感じていることに気づくことが大切です。

他にも、

・楽しい
・ドキドキする
・焦る
・むかつく
・ウキウキする
・めんどくさい

など、感情そのものを「良い／悪い」と判定するのではなく、自分の感情に気づくことが、常に良い気分でいることへの大きな一歩になります。


それこそ、過去の感情のリストアップをしてみるのもいいと思います。

「失恋した時はこんな感情だったなぁ」

「仕事に失敗した時はこんな感情だったなぁ」

こんなふうに、リストアップしてみてほしいのです。やってみると意外と出てこないものなんですよね。

この「出てこない」というのはつまり、自分の「良い気分」「悪い気分」に気づけていない証拠だと言えます。

またリストアップする時の注意点があります。

注意①：「事柄は感情ではない」

例えば、「ボーナスをもらった時」「金曜日が終わった時」とリストアップする方がいますが、これは事柄（外側で起きた事実）であって、感情ではありません。

注意②：「考えは感情ではない」

「休みが欲しい！」「成績を上げたい！」「旅行に行きたい」など、これらはあくまでも「望み」であって感情ではないのです。

注意③：「外側の状態は感情ではない」

「外が寒い・暑い」「味が濃い・薄い」など、これらは外側の状態を示しているだけです。

注意④：「体の状態は感情ではない」

「眠い」「疲れた」「重い」などは、ただの体の状態です。この場合、感情にするならば「疲れているからだるい・めんどくさい」というのが正解です。

なかなか分別するのは難しい！　という方のために、ぜひ使って欲しい自分への質問があります。

「今の自分の気分は○○」

この○○に当てはまる部分がそのまま感情としてリストアップできます。さぁそれではさっそく実際にみなさんの日常で起こる感情をリストアップしてみましょう！

できた！　と言う方から次のトピックに進んでもらえればと思います（もちろんリストアップしていなくても大丈夫ですが、したほうが理解が深まります）。

まとめ

感情を使いこなせば、ランナーズ・ハイは操作可能

人は感情を持ち続けることができない

さぁリストアップはできましたでしょうか？
10個？
いやいや30個？
どんと１００個？

ちなみに、そのリストアップされた感情には「良い」「悪い」「ネガティブ」「ポジティブ」なんて意味はついていませんよね？

P12でも解説しましたが、それはあなたが後からつけた意味づけです。

さて、それでは次のステップとして、リストアップされた感情を次の分類に仕分けしてみて欲しいのです。

仕分けパターン①：良い気分の時に起きている感情
仕分けパターン②：悪い気分の時に起きている感情

そう。人間の心の状態は、実は極端に分けると「良い気分」と「悪い気分」の2つしかありません。

紙に書いても、リストアップした感情の上にどちらか分かるように目印をつけても、なんでもいいので、

「その感情に浸っている時、自分のパフォーマンスは上がるかな？（＝良い気分）／下がるかな？（＝悪い気分）」

を基準に、仕分けしてみましょう。

ただし、人それぞれですが場合によっては感情の中に「良い気分にもなるし、悪い気分にもなる」というケースがあります。

例えば「ドキドキ」という感情。

明日、旅行が楽しみでドキドキ↓「良い気分」

明日、大事なプレゼンでドキドキ↓「悪い気分」

こういう時は、「両方」に仕分けして大丈夫です。

できれば、その紙なりメモ帳なりを持ち歩いて、感情が起きた時に自分の感情を確認する癖をつけてみて欲しいです。

そして「自分の心の電波は今どうなっているのか」を確認してみてください。

また、非常に難しいですが

「感情だけで他人に昨日がどんな1日だったか」

を説明してみると、この感情に気づくスキルの練習として、かなり有効です。

言っていいのは「時間」と「感情」だけです。

例えば、

「7時から8時は不安や心配でもやもやとして」

「8時から9時はすごく気分がイライラして」

「10時はすごくウキウキしてさぁ」

こんなふうに。


実は、こうやって感情を他人に話す癖がつくと、あることが起きます。

それは……あなたの心から「悪い気分」が消えていくということです。

その理由は、人は感情を持ち続けることが難しいからです。

だからこそ、人に〝話す〟ことで、悪い気分も〝放す〟ことになるわけです。

逆に、

「朝から電車が遅れてさ。

それで周りから怒られてさ。

昼に定食屋行ったら、超混んでてめっちゃむかついた」

と事柄を話すだけですと、これは「過去の事実」であって変えることができないため、「悪い気分」が脳に刷り込まれ、その事実にとらわれてしまうことになります。

つまり、感情自体は持ち続けるのが難しいのに、事柄しか話して（放して）いないので、感情の出口がなくなり、苦しくなるということです。

実は「感情を吐き出す」というのは、プロのカウンセラーもよく行う手法です。

「相手の気持ちの引き出しを開けて、吐き出させてあげる」

カウンセラーはそれを聴いて、共感し、相談者の感情を消化させるということをします。

感情を書き出すというのは、こういう意味でも、自分で自分のカウンセリングをすることに繋がるんです。

感情だけの会話をすると、たとえ「悪い気分」について話していても、気分が良い状態が作られていることに気づくはずです。

それに、当たり前ですが「良い気分」について話をすると良い気分を更に上げてくれます。

一度だまされたと思って「感情のリストアップ」「感情についての会話」をやってみてください。そしてこの習慣をぜひ身につけていただければと思います。

はじめはとても疲れると思います。それは脳にはそもそも「感情に気づく」なんて能力がないからです。

英会話教室をイメージしてください。

習いたての頃は、めちゃくちゃ疲れます。これは脳が持ってない能力をつけようとするからですよね。いわゆる筋肉痛みたいなものです。

でも、もともと英語を話せる人は、英語を話しても疲れません。

これからまだまだこの脳のスキルを紹介していくつもりですが、この「感情に気づく」がまず基盤になります。
なのでぜひこの「感情に気づく」というスキルを身につけて欲しいと思います。

まとめ

感情を書きだすことで、自分で自分を操ろう

心の三種の神器～言葉編～

何度も言うように、私たちは放っておけば心の状態を外部に支配されてしまいます。

しかし私たちは、外部の状況に関係なく自分の心を良い方向に持っていける「三種の神器」を持っています。

それは「言葉」「表情」「態度」です。

人はこの三種の神器で心の状態を動かすことができるのです。

しかし、せっかく誰にでも備わっているこの三種の神器を自分の心のために使っていない人は非常に多いです。

なぜだと思いますか？

ここまでを読んで勘が鋭い人は気づいているでしょう。

「この三種の神器が心の状態を動かせる」ということを知らない、または、気づいていな

いからです。

この三種の神器の素晴らしい点は2つ。

①**「万人」が持っていること。**才能の有るなし・年齢・男女の別を問わずに万人が持っています。

②**「いかなる場所」でも使用可能であること。**「やばい！　今日持ってくるの忘れちゃった！」なんてことは絶対に起きません。

自分の心を操る人はまちがいなくこの三種の神器を使っています。

ここで少し例を出しましょう。

イチロー選手のインタビューなどを見ている人なら分かると思いますが、インタビューにおいてイチロー選手は言葉を選びながら喋っているのが分かります。

これはなにも「周りからどう思われるか」を気にしながら言葉を選んでいる訳ではありません。

「自分の心の状態をいつも良い状態」にするために、どんな言葉を使えばいいか選んでいるのです。

イチロー選手の場合、

自分で自分の心が良い方向に向かう言葉を選択
↓インタビューに応える能力が上がる
↓実際に、心が良い方向に向かう
↓試合で活躍ができる
↓ファンなどを喜ばせられる
↓嬉しくてさらに心が良い方向に向かう

というように、それこそまさに「自分の心は自分で決める」という生き方をしています。

今、悩みに支配されているあなたは、恐らくその真逆ではないでしょうか？

今日ピクニックに行く予定だったのに雨が降った
↓思わず条件反射で「あぁ。最悪」と言葉にする
↓実際に、悪い気分になる

こんな感じで、自分の発した言葉をきっかけにして悪い気分を引き寄せていませんか？

でもここで少し考えてみてください。

「最悪」という文字は〝最も悪い〟と書きますね。

つまり「最悪」とは今まで生きてきた人生で一番悪いことを指します。

では本当にピクニックの朝に雨が降ったことが人生の中で一番悪いことでしょうか？

そんなわけありませんよね。それなのに多くの人がこの「最悪」という言葉を平然と使います。

もし「最悪」と言って雨が止むなら、言ったほうがいいですが、もちろん雨はそんな都合の良いものではありません。

そしてあなたは、勝手に悪い気分になっていく……。

そうならないためにも自分の心のために言葉を選んでみませんか？

今後の日常生活で良い気分になる言葉があればリストアップしてみてください(例→「大丈夫、大丈夫」「リラックス♪　リラックス♪」「がんばらなくてもいい！」「ありのままでいい」など)。

今、この「良い気分になる言葉」が1つも挙げられない……という人は、普段〝言葉を選べていない〟証拠です。

中々出ないという人は「偉人の言葉」でも全然かまわないと思います。

「食べたもので体が作られる」と言われますが、私は「発した言葉で心が作られる」とも考えています。

とてもお腹が空いている状況をイメージしてみてください。

そんな時、目の前には腐っているけどおいしそうな食べ物が落ちていたとしたら、あなたはそれを食べますか？　食べないですよね。

もし万が一食べるとしても、その前にまず考えますよね。

「食べたいけど……食べたら絶対にお腹を壊すだろうな……」

そんなふうに「食べるか・食べないか」をちゃんと選ぶはず。

心も同じなんです。

雨が降っていようが、「自分の発言で心はどうなるのか」を考えて欲しいのです。

何も特別なことをしているわけではありません。
自分が発言する内容を選ぶことは、ダイエットをする人が肉を食べるか、野菜を食べるかを選ぶのと何ら変わりません。

まとめ

気分の善し悪しは言葉次第

心の三種の神器～表情編～

三種の神器2つ目は「表情」です。

突然ですが、笑顔のままで怒ってみてください。

どうですか？　怒れましたか？

恐らく全ての人が怒れなかったと思います。

ここからも分かるように、感情を出すためには表情がそれに合致していないといけないという性質があります。

つまり、先ほどの「怒り」という感情は、表情も怒っていないと出せない、ということです。

感情がなんであろうと表情がその主導権を握っているというわけですね。

車で言えば、「感情」は目的地で、「表情」はハンドルです。

目的地があっても、ハンドルをそちらの方向に動かさなければ、当然いつまで経っても到着することはありません。

感情＝目的地を「喜び」にしたければ、表情＝ハンドルを「笑顔」の方向に回す。

そうして初めて、実際に心は喜ぶのです。


世界的に有名な陸上選手カール・ルイス。

彼は現役時代、１００メートル競走の時、80メートル付近までは3番手か4番手の位置にいて、残りの20メートルで抜き去るというレース展開をしていました。

そんな彼が、80メートル付近で必ずすること……

それは笑顔で走ることです。

彼はコーチに普段から「笑って走れ」と指導されていたそうです。


ここで誤解されやすいのが「だったら、嫌なことがあっても笑顔になればいいのか！」と考えてしまうこと。

これは認知の話でもお伝えしましたが、「無理やりポジティブシンキング」です。
車を運転していて、体を行きたい方向に傾けてももちろん車は曲がりませんよね？

つまり、先ほどの三種の神器の「言葉」の項でもお話ししたように、普段から自分が良い気分になれる表情を選んで欲しいのです。
嫌なことがあってから無理に笑顔を作るのではなく、普段から笑顔を心がけてみて欲しいのです。

こうやって表情を選ぶ練習を重ねることで、
表情を変える
↓心も良い気分になる
という流れが作り出せます。
初めは作り笑顔からでも始めてみるといいでしょう。そして「あ、良い気分だな」と思えれば成功です。
もし作り笑顔で「良い気分」になれなければ、他の表情も試してみる。

1日1回でもいいので、鏡の前で確認するように、いろいろな表情を試して、自分が良い気分になれるものを探してみてくださいね。

まとめ

感情は「目的地」で、表情は「ハンドル」

心の三種の神器～態度編～

三種の神器の最後は「態度」です。

あなたはしょんぼりした時、どんな態度をとりますか？

恐らくですが、肩が落ちてため息が出ている感じではないでしょうか？

少なくとも、しょんぼりしているのに、胸を張って威張っている人はいませんよね。

つまり、この「態度」も先ほどの「表情」と同じで、感情のハンドルの役割があると言えます。

だからこそ「態度」も無意識に出すのではなく、普段から意識して選ぶようにして欲しいのです。

そうすることで、「態度」によって良い気分を引き出せるようになります。

そして態度の中でもう1つ大事にして欲しいのが「呼吸」です。

悪い気分の時、人の呼吸は浅く速い呼吸になっています。

さらにその浅い呼吸のせいで余計に悪い気分になる、というスパイラルに陥ってしまうのです。

逆に普段から深呼吸をするように、呼吸を整えておくことで、リラックスして自分のパフォーマンスを上げられるようになります。

脳科学的においても深呼吸をすることでセロトニン（幸福感・ゾーンに近い状態をもたらす物質）が出ると言われていますしね。

今後、1日に1回ずつでもいいので、自分がどんな呼吸をしているか確かめてみてください。

「落ち込んでいる時って、肩が落ちてため息が出てるな……」

「お！　今は深い呼吸ができてるし、気分もいいぞ！」

こんなふうに気づくだけで、「態度」という名のハンドルも自分の意志で回せるようになります。

さて、感情を操る三種の神器は以上となります。

最初にもお伝えしましたが、この三種の神器はどこでも、いつでも使える万能な存在です。

しかし、使いこなすことは1日、2日でできるものではありません。

かと言って、10年、20年かかるようなものでもないので、結果を焦らず、毎日少しずつ練習するようにしましょう。

たったそれだけで、思い通りの感情が呼び起こせるようになります。

まとめ

心（感情）を制するものは己を制する

3時限目

人生を今から変える成功法則

成功が成功を破壊する!?

道教の開祖「老子」は言いました。

「大者宜為下」

これは直訳すると、強大なものこそ下へ下へとへりくだることが大事である、という意味です。

つまり、「強い力を持った者こそ、謙虚であるべし」ということ。

では、なぜ強い力を持った者が謙虚である必要があるのでしょうか?

それは、「強い力を持った者自身が成功を破壊する存在」だからなのです。

なぜかというと、強い力を持った者の中で「バランス」を取ろうとする力が働くからです。

1時限目で「光と影」を例に、光が強くなれば同時に影も濃くなる、というお話を紹介しました。

それと同じように、成功すればその分だけ、その成功を破壊する力も強くなるんです。

これは大きい目標であればあるほど、大きい成功であればあるほど、影も大きくなり破壊する力は強くなります。

具体的な例を挙げるならば、成功すればするほど（光が強くなればなるほど）、自惚《うぬぼ》れたり、周りを見下したりして天狗になり、鼻もどんどん伸びがちですよね（影も強くなる）。

せっかく成功したのに、もったいないと思いませんか？

成功した上で謙虚でいれば、多くの人がそれを称賛し、さらなる成功をも引き寄せられたかもしれないのに……。

もちろんポジティブシンキングや、思考を現実にしていく『引き寄せの法則』、さらにアドラーの「目的論」などはすばらしい成功法則だと思います。

ただ、「成功すること」だけに目線を向けていては、決して本当の成功とは言えないのではないでしょうか。

その成功の表面にある「影」にも目を向け、その影に対処していかなければいけないのです。


ただここでお話ししたことは、成功した時に、

「威張ってはいけない！」

「優越感に浸ってはいけない！」

「何事にも謙虚でいることが大切！」

という意味ではありません。

自分の成功に対して「ぬか喜びしていると痛い目を見るよ」ということを伝えたいのです。あなたが意識下で「威張る自分」を認識し、自力で抑えることができないと、成功してもすぐ成功を壊すということです。

まとめ

成功すればするほど、影も強くなる

あなたができる唯一のことは「準備」

誰もが欲している「成功」を手にするために、私たちができる唯一のこと。
それが「準備」です。
今まで言ってきた事を否定してしまうような言葉ですが、これは事実です。

例えば、あなたの子どもが「三輪車が欲しい」と言ったとしましょう。

しかし、あなたの子どもは、
・歩いていてもすぐに車道に飛び出す
・目を離すと電柱にぶつかったりする
といった問題を抱えています。

こんな状態で、あなたはその子どもに対して三輪車を買い与えますか？

もちろん買いませんよね。


ではこの子どもが「三輪車を手に入れる」という名の成功を手に入れるためには、どうするべきでしょうか？


自分で買う？　いやいや子どもにそんな経済力はありません。

それでも親に頼み込む？　いやいや、ただでさえすぐに車道に飛び出すのですから、三輪車なんてありえません。

じゃあ、どうすればいいかと言えば、簡単です。

「**車道に飛び出さず、電柱にぶつからない子ども**」**になればいいのです**。

これがクリアできれば親は安心して子どもに三輪車を買い与えるでしょう。

見事、この子どもは無事に目標を達成できた（成功した）ことになります。

しかし……ここまでを振り返ると、実はこの子どもは自力で成功をたぐり寄せたわけではありませんよね？

「成功」自体は、親が子どもに与えただけです。

子どもがやったことは、成功を追いかけたわけではなく、成功しても問題ない自分になるよう準備をしただけです。

もっと言えば、自分が三輪車を買ってもらえるにふさわしい人になる、ということ。

成功・目標達成は、あなたの準備ができたときに自然にあなたに与えられるものです。

成功法則にある「成功者のマネをする」というのは、その成功者と同じ「成功」を手に入れる準備をするということです。

「成功」とはあなたが取りに行くものではなく、与えられるもの。

だからこそ、あなたは与えてもらうためにただ準備をしなければいけないのです。

ここでさらに理解を深めてもらうために、「ラジオ」を例えにしてみましょう。

ラジオは聴きたい番組の周波数に合わせることにより、聴くことができます。
でも放送局は、あなたが周波数を合わせる・合わせないに関係なく放送していますよね。
これはつまり、
あなた……ラジオを聴きたい番組の周波数に合わせる（準備）
放送局……受信周波数が同じ人にのみ放送を与える（結果）
こんなふうにして、漫然と番組（＝結果）の周波数を追いかけるのでなく、こちら側が周波数を合わせる、つまり、受け取る準備をすれば、求めていたものが手に入る、ということです。

しかし、準備にも様々なものがあります。

引き続きラジオを例に出すと、選べるチャンネルはたくさんあるわけですから、聴きたい番組によって、あなたの選ぶ周波数も変わるのです。

それなのに、もしもあなたが1つのチャンネルしか知らなければ……

選べる番組も必然的に1つしかありませんよね。

つまり、たった1つの成功しか手に入らないということになります。

それでは、人生が豊かになるとは言い切れません。

知っているチャンネルを1つでも多く増やしていくこと……つまり、どんな成功を手に入れることが自分の人生を豊かにしてくれるかを計画することが、重要なのです。

孫子の言葉に、

「将聴吾計　用之必勝（将、吾が計を聴きて之を用うれば、必ず勝たん）」

というものがあります。

この言葉からも、

「時間をかけてじっくり『計画』を練ること。

特にリスクに対しては、どんな危険が起こりうるか、どこまでも悲観的に考えて入念に準備すること。

そこまでやれば、もう目標は達成したも同然である」

ということが分かります。

まとめ

成功の秘訣は、成功を迎え入れる「準備」をすること

成功したければ、あえて「逆」をやろう！

あなたにも生きている限り、戦わざるをえない状況があると思います。

学校・会社・家庭内で……

強制的に参加させられる「戦う状況」です。


老子の「水のように争うことなく生きよう」とは言っても……

「人間関係がそんなにもうまくいけば苦労しねえよ」

こう思うあなたのその反応は正常です（笑）。

そんな人に対して老子は、

「正面衝突ではなく、その逆の手を使って戦うのが良し」

という教えを説いています。

現代的に見れば、

「相手を黙らせたいのであれば、その逆！　反論せずに気が済むまで話させる」

「相手から貰いたいのであれば、その逆！　まずはこちらから与える」

「相手を押さえつけたいのであれば、その逆！　まずは自由に泳がせておく」

ということです。

つまりは、相手を油断させておいて、「隙をつく」ということ。

これは孫子も似たことを言っています。

「始如処女、後加脱兎（始めは処女の如く、後は脱兎の如し」

つまり、

「戦いの始まりは弱々しくみせて相手を油断させておく。

そして戦いの勝敗を左右する場面になったら、すばやく攻勢に出て、一気に畳み掛ける！

これが戦いの基本だ」

という意味ですね。

もし今後また、戦わざるをえない状況に出くわした際はこの教えを思い出して、実践してみてください。

今まで攻略できなかった敵があっという間に倒せた、なんてことも十分にありえますよ。

まとめ

うまくいってないなら、うまくいく方法はその「逆」！

本当に強い者は争わない

突然ですが、質問です。
「強い！」と聞いて、最初に何を連想しますか？
ダイヤモンド？
ハンマー？
筋肉？
大体イメージするものは硬い物だと思います。
少なくとも、「スライム！」と言った人はいないはず（笑）。

では、老子の「上善若水」という言葉を聞いたことがあるでしょうか？
読み下すと「上善は水の若し」になります。

これはつまり、「水こそ最強」と言っているのです。


あの触ってもつかめない水が？

おかしいですね。最初の質問に対する答えと矛盾が生まれています。

これは一体どういうことなのでしょうか？


「上善若水」という言葉通り、老子は水に「最上の善」という意味をつけていました。

この「最上の善」とは、争いを避けて生きるということです。


ここで少し老子が生きていた時代の話をすると、当時は国同士の争いばかりで、戦で利を得ようという生き方が一般的でした。

「人を蹴落としてでも上を目指そう」

という考えが当たり前のものだったのです（もちろん今の時代にもこういった考えはありますが……）。

そんな時代で老子は、「**水のように人と争わず、常に低いところに留まりなさい**」と、生き方の見本として〝水〟を挙げています。

水は原則的に上流から下流に流れるように、上から下に落ちます。

そして水は下へ下へと行き、いずれ広大な海に繋がります。

アドラーの「競争しない」という教えもまさにこれと同じ意味に当たります。

「**競争から降りて生きる**」と言うと、なんだか負けを認めるような気がする方もいるかもしれませんね。

しかしイメージしてください。

水が流れている所に石を落としたらどうなりますか？

水は石を避けて流れますよね。

水は「石と戦うぞ‼」というように、なんとかして石を動かそうとはせず、「他の所を通りま〜す」といった具合に、決して争うことをしません。

しかし、水は少しずつ土や石を動かして少しずつ削っていき、いずれ穴を開けることだってあるぐらい実はすごい力を持っています。

実体があるものの中で「何物よりも柔らかいのに、何物よりも強い」水のように「争うことなく低い所に留まる」ことが、何よりもすばらしい生き方ということです。

まとめ

水のように柔らかく、でも石をも砕く強い人になろう

弱い人だけが見ている世界

世の中のものは、ほぼ全てが、
「強」と「弱」、
「ある」と「ない」、
「明るい」と「暗い」、
「男」と「女」、
というように2つに分類されるという考え方があります。

そして、現代社会においては、この「強」と「弱」において、「強」＝有利なものを選んだほうが、なにかとメリットが多いように思われがちです。

しかし老子は「あえて弱いほうを選ぼう」という教えを説いています。

老子「みなのもの！　強くなりたいか‼」
みなのもの「おぉ‼」
老子「よし！　では、まずは弱くなれい‼」
みなのもの「おぉ‼　……って、えっ？」

……こんな会話が交わされたかどうかは分かりませんが、老子の「柔弱勝剛強（柔弱は剛強に勝つ）」という言葉が、そのことを表しています。

では、なぜ弱くなると、強くなれるのでしょうか？
それは、
「弱いほうに身を置くことで、強いほうに身を置いている時には見えなかった物事が見えてくる」

からです。


たしかに、高収入で経済的に何1つ不自由ない生活を送っている人には、

「金銭的な問題で進学できない」

「老後が心配だ」

「生活どうしようか」

……と嘆いている人の気持ちが「実感」としては分かりませんよね。

この実感は簡単に言うと
「映画見た感動は映画を見た人にしか分からんよ」ということです。
「ケガ・病気をして初めて健康のありがたさが分かる」ということもあります。
女性の中には「妊娠をきっかけに、妊婦や小さな子どもを見る目が変わった」という人もいるのではないでしょうか。

つまり、そういった「弱さ」を知っている人こそが強い人ということ。

「強者」の対極にある「弱者」側にいて、全てを受け入れられる「器」を持っている人こそが、世界を理解できる人であり「最強」なのです。


イメージしてみてください。

あなたが病人だとして、人生で一度も病気になったことがない友人が、こんなことを言ったらどう思います？

「病気ってしんどいよね……まぁがんばって」

ありがたいという気持ちも湧くかもしれませんが、それよりも
「あなたに何が分かるの!?」
という感情が出てくると思いませんか？
この状況において、一般的に病人は「弱者」で、健常者は「強者」です。

しかし、老子は
病人↓「強者」
健常者↓「弱者」
だと言っているのです。

「知其雄、守其雌、為天下谿」

という言葉があります。

大まかに言うと、

「男の強さを知り、女の弱い立場に身を置く人は、天下の全てが集まる存在となる」

となります。

つまり、

「強者の前ではみんな警戒心を持ってしまい、逆に弱者の前では誰もが警戒心をなくして自分のありのままをさらけ出せる」

という意味です。

もっと言えば、

「弱者は、色々な物が運ばれて溜まっていく谷間のような存在になれるし、『弱い・強い』を含めて、全てを理解できるようになる。

そして、そういう人こそが、『最強』であり『聖人』と呼ばれる」

とも言えます。


先ほどの友人とのやり取りもそうですね。

この老子の教えをすごく簡略化すると、

「弱者の気持ちが分かる人だけが他の弱者に手を差し伸ばせる」

となります。


もしあなたの知人Aが、昔あなたと同じ病気だったとして、

「病気って辛いよね。がんばってね！」

と言って来たらどうでしょう。

決して「あなたに私の何が分かるの？」とはならないはずです。

たとえ健常者であろうとその弱さを知っているから手を差し伸べてあげられる。

そういう人こそ「色々な物が運ばれて溜まっていく人になる」ということですね。

まとめ

弱い人だけが弱い人に手を差し伸べられる

自分のために生きることが人のためになる!?

仏教には「自利利他」という教えがあります。

「自利」……自分の利益のために努力すること。修行すること。

↓他人より自分優先

「利他」……他人の利益のために努力すること。

↓自分より他人優先

「自利利他」とは、言葉通り「2つで1つ」だということです。

天台宗の最澄は、

「自利とは利他を言う」

と言っています。

つまりは「他人の利益のために努力すれば、それはいずれ自分にも返ってくる。だから利他を積極的にしましょう」となります。

アドラーの言葉で言えば「他者貢献」です。

だからこそ、無理に他者のために生きる必要はありません。

だって、自分のためにやることが他人のためになるのですから。

このことが実際に証明されたエピソードがあります。

数学の世界に、「フェルマーの最終定理」という問題があります。これは証明するまでに360年もの歳月がかかった問題です。

もちろんここでは「フェルマーの最終定理」がどんなものかなんてことは必要のない情報ですので「めちゃくちゃ難しい数学の問題」ぐらいに捉えていただければ大丈夫です。

この定理に挑んだ数学者の1人に、オイラーという人がいます。

このオイラーは数々の数学の公式を生んだ天才。

実は彼は「盲目の数学者」と言われており、数学のしすぎで盲目になり、それでも数学を解き明かし続けた人としても有名です。

実は結局オイラーもフェルマーの最終定理を解くことはできませんでした。それでも彼は、突破口を開けた1人です。


さて、このオイラー。

多くの数学の公式を生んだわけですが、彼は他人のために数学を解き、証明していたのでしょうか？

それは違います。


——ただオイラーは、数学が好きだった。

だから解いただけ。

自分で自分の感情を満たす、というまさに「自利」です。

しかし、彼が数学の公式を生み出したことやフェルマーの最終定理の突破口を開いたこと。

これは後世に受け継がれて私たちの役に立っていますね。

つまり、他人に利益を与えているのですから「利他」となります。

そう。「自利だと思ってしていたことは実は利他」。

誰かのためにやるのではない。ただ自分の感情を満たすためにやる。

しかしそれは自然と利他に繋がっている！

無理に他人のためにがんばる必要なんてないと言える証拠です。

まとめ

自分にとって役立つことは社会でも役に立つ

4時限目

がんばるだけが人生じゃない

がんばらないほうがいい

老子の思想の中心、それが「無為自然」です。

簡単に言うと「自然のまま、ありのまま、あるがままに生きること」。

この「自然のまま」、「あるがまま」を分かりやすく言いかえると、

「無理しない」

「がんばらない」

「リラックスする」

という感じです。


無理をして、背を高く見せようとつま先立ちしても長くは立っていられません。

無理をして、断食してダイエットしても、リバウンドしてしまいます。
無理をして、仕事をパンパンに詰め込めば体を壊します。
無理をして、嫌いな人と付き合えば笑顔が引きつり、心が苦しくなります。

このように、無理をしても良い結果に繋がらないことは、私たちは身をもってよく知っていると思います。
無理をしても、結局はボロが出るんです。

老子の言葉に
「企者不立、跨者不行（企つ者は立たず、跨ぐ者は行かず）」
というものがあります。

簡単に訳すと
「無理をして身の丈以上のことをしても、結局はボロが出るよ」

ということ。

老子はこれに続けて、さらに、

「自見者不明、自是者不彰、自伐者無功、自矜者不長
（自ら見《あら》わる者は明らかならず、自ら是《ぜ》とする者は彰《あら》われず。自ら伐《ほこ》る者は功無く、自ら矜る者は長《ひさ》しからず）」

……と説いています。

つまり、

・自分の知識や才能をアピールする者は逆に認められない
・正論ばかり述べて「自分は正しい」と思う者は、表に立つことができない
・自画自賛する者は成功できない

ということです。

とは言っても、人は背伸びしたいものです。

誰だって、デキる人と思われたいですし、尊敬されたいですからね。

それに、好かれたい。

そのために、ついつい小さな嘘で自分を飾ってしまったり、無理をしてしまったりして自分自身の首を絞めてしまいがちです。


しかし、老子によれば、それらは全て、結果的には他人に嫌われるだけとあります。

人からよく見られようと無理をする必要はないのです。

「誇り」というものは、人から認められるものではなく、自分自身の心の中にありさえすれば良いものです。

仕事でもプライベートでも、

「私、ちょっとがんばり過ぎているかな？」と思ったら、自分は何のためにがんばっているのか、無理はしていないかどうか、自分自身に問いかけてみてください。

もし、称賛欲しさに無理をしてつま先立ちをしているようなら、それは結果的に逆効果になってしまいます。

よく、

「がんばってるのに上手くいかない！」

「努力は報われない」

「成功する人は才能があるからだわ」

という声がありますよね。

でも違うんです。

がんばってるから、上手くいかないんです。

そう。「がんばる」「無理をする」というのは、自然に反する生き方なのです。

「上善は水の若し」を思い出していただければ分かると思います。
水はがんばることも無理もしていませんからね。

まとめ

がんばることは自然に反する生き方

脱ポジティブシンキング

全ての悩みから解き放たれる思考法！

……それがポジティブシンキング！

というのが、現代の主流です。


雑誌や本などを見ていても、何かとポジティブシンキングを身に付けよう！　などと言われていることが多いでしょう。


電車に乗り遅れた場合……

「でもあの電車に乗ってたら、事故にあってたかもしれない」

と思うのがポジティブシンキング。

人に悪口を言われた場合……

「でもこれは自分が成長するためには必要なことだ！」

と思うのがポジティブシンキング。


でも……

このポジティブシンキングって、実践していて、結構しんどくありませんか？

無理矢理心のレバーを動かしている訳ですから、当然その分ストレスも溜まってしまいますよね。

そしてその結果、幸せになるために実践したポジティブシンキングのせいで、ストレスを溜めて、不幸になっていく
……という悪循環。


そのため、ここでは、無理にポジティブシンキングにならずに済む、いくつかの方法を紹介していこうと思います。

その名も、「脱ポジティブシンキング術」です（そのままですみません……）！

脱ポジティブシンキング術①：逃げる

1つ目は四の五の言わずに「逃げる」です。

目の前に不快なことがあれば、逃げてしまえばいいんです。

もちろん逃げれば、不快な気持ちは弱まります。


ただし！

逃げれば問題が解決するかと言えば、もちろんそうではない！　ということはあらかじめ理解しておかなければいけません。


例えば、あなたの部屋が散らかっているとします。

ここで「逃げちゃえ！」と全部クローゼットに入れた場合。一見、部屋はきれいになった気がしますよね。

でも、当然ながら本当の意味で部屋がきれいになったわけではありませんから、不快感は影のようにあなたにつきまといます。

つまり「逃げる」は、一瞬の効力ならば期待できるということです。逃げながら、本質となる問題の解決策を考えていきましょう。

脱ポジティブシンキング術②：諦める

「諦めない」という言葉は、根性論を大切にする日本人としては、美学的なものを感じますよね。

でもよく考えてみてください。

「諦めない」ってどんな時に言いますか？

「試合で負けそうだ！　諦めないぞ！」とか、「マラソンしんどいけど、諦めない」というように、諦めそうな時に言う言葉ですよね。

つまり、「諦めない！　諦めない！」と考えてる人は、本心では「諦めようとしている」わけですね。

もしそのまま諦めずにやれば目的が達成されそうということであれば、「諦めない」という手もありだと思います。**ですが、「本当はこのままやっても絶対に不可能」だと分かりながら諦めないのは、ただの無謀な行為です。**

今すぐ諦めて、楽になりましょう。

脱ポジティブシンキング術③：「気にしない」と言わない

「成績が悪かった……でも、気にしない！」

「あの上司嫌い……でも、気にしない！」

……いや、でも本当に気にしてないなら「気にしない！」なんて言わないんですけど……（笑）。

あなた自身に嫌なことがあって、「気にしない。気にしない」と言って、本当に気にしなくて済みましたか？

きっとそうはいかないと思います。

ですから、「気にしない」というポジティブな言葉には少し罠がありそうです。あまり言わないほうが得策かもしれませんね。

脱ポジティブシンキング術④：「考えない」とは考えない

「考えない、考えない」と励ます言葉をよく聞きます。

でも「考えない」ことをまず諦めてください。人間は考えてしまう動物です。

人が考える（思考する）ことは「息をすること」「心臓を動かすこと」とほぼ同じことなのです。

「考えるな！」は、「息をするな！」、「心臓を止めろ！」と言うに等しいことです。

脱ポジティブシンキング術⑤：「忘れる」ことを忘れる

「忘れよう！」というのも、「考えること」と同じで不可能なことです。

だから忘れようとすることなんて、忘れてください。

それに今すぐ忘れようとしなくたって、どうせ私たち人間は時間が経てば、自然に忘れてしまいます。

まとめ

ポジティブシンキングに侵されるな！

大きな器ほど完成までに時間がかかる

「大器晩成」という言葉を聞いたことはありますでしょうか？

この言葉の意味は、「大きな器は完成するまでに時間がかかること」ということからきており、

「大きく成長する人は成長までに時間がかかるんだよ」

という意味です。

実はこの「大器晩成」は老子の言葉が元になって生まれた言葉。

「大方無隅、大器晩成（大方《たいほう》は隅《ぐう》無し、大器は晩成す）」

これは、

「大きな四角形の中にいると、四隅はないように思える。

それどころか四角形であることすら分からない。

大きな器は完成するまでに時間がかかるし、それがどんな器になるのかわからない」

という意味です。


ではイメージしてみてください。

地球の形は円ですね（詳しく言えば回転楕円体ですが）。

そしてあなたは地球の上に立っていますよね？

では、宇宙からの写真などは抜きにして、あなたは今、そこから地球の形が分かりますか？

……分かる訳ありませんよね。

これで、

「大きな四角形の中にいると、四隅はないように思える」

が実感できたことと思います。

人は、焦って目に見える形で「結果」を求めてしまうものです。

やってもなかなか芽が出ないと、気ばかり急《せ》いてしまったり、「もういいや」と投げ出したりしてしまうものです。


しかし、老子は大器は晩成するもの、つまり、大きな器であればあるほど、できあがるまでには時間がかかるものと言っています。

あなたにもし人生で成し遂げたいものがあるのであれば、結果を焦らないことです。


川を想像してください。

川は上流から下流へ長い年月をかけて流れ、いずれ海に到着します。

でも、川は焦っているようには見えません。それは川は急がずとも、必ず広〜〜〜い海に繋がっていることを知っているからかもしれませんね。

今後は頭の隅《すみ》にこの「大器晩成」という言葉を残しておいて欲しいと思います。
結果は急がず＆無理もしない。結果がまだ見えずとも今はとにかく、コツコツやる。

そういえば一休さんも言ってましたね。
「焦らない焦らない　一休み一休み」

まとめ

壁にぶち当たるのは、挑戦をしている証拠

「大丈夫」という名のおまじない

私には1つ、最高のおまじないになる言葉があります。
これを唱えるとあら不思議。心が安らぐんです。

それは「**大丈夫**」。
よく偉人の名言を聞くとそれだけでやる気がでたりしますね。
それと同じです。

ウインタースポーツの代名詞と言えば「スノーボード」でしょう。
でも、このスノーボード、決して簡単なスポーツではありません。
初心者は絶対に転びまくり、体中痛くなります。

これは技術の問題でしょうか？

いいえ違うんです。

実は、この転ぶ理由、恐怖で体が後ろに下がってしまい、バランスが崩れるからだと言われています。

つまりこの恐怖心に打ち勝って、体の重心を少し前に持っていくだけで、滑るだけなら割とすぐにできてしまうものなんです。


ではそもそもなんですが、恐怖や不安・心配ってどういう時に心に現れますか？

・人から嫌われるかもしれない
・ケガしてしまうかもしれない
・遅刻するかもしれない
・自分1人だけかもしれない

かもしれない、かもしれない、かもしれない……

そうです。「かもしれない」と言っていること以外に根拠がない、まだ起こっていないことなわけですから、不安や恐怖は全て、未来に対しての想像です。

そして自分に自信がなく、その未来の恐怖が本当に起きた時、自力では解決できないと心は思っているんです。

スノボ初体験の恐怖も、

「スピードが出すぎてこけたときにケガするかもしれない」

と未来に対して、起こっていますよね。


では、この恐怖や不安にはどのようにして打ち勝てばよいのでしょうか？

それが冒頭で紹介した「大丈夫」という言葉を唱えることです。


「ケガしても大丈夫だよ」

「人から嫌われても大丈夫だよ」

「失敗しても大丈夫」

きっとこう考える人もいるでしょう。

「その大丈夫に根拠はあるの？」と。


はっきり言います。

根拠はありません！


では逆に聞きますが、その「かもしれない」が起こる根拠はあるんですか？

ないですよね。

つまり、「大丈夫」に根拠はありませんが、「かもしれない」にだって根拠はないんです。


しかし！　そうは言っても、未来で起きるかもしれない問題が解決できないのは怖いものです。

でも、考えてみて欲しいのです。

過去の自分が怯えながら抱えていた恐怖や不安や心配。

今もあなたはそれらを持っていますか？

持っていないと思います。

そう、過去の問題は全て解決されているということになる！


「未来の心配なんて必要ない。だってそれは、その頃にはとっくに全部解決しているんだから」


過去の自分が何かに恐怖していたら、あなたはその過去のあなたに向かってなんと伝えるでしょうか？

「大丈夫。その恐怖、ちゃんと解決しているから」


そう。

「大丈夫」

それは心をリラックスさせる魔法のおまじない。
心をリラックスさせておけば全てうまくいくんだから。
何も心配しないで。何も恐れる必要はないんだから。

まとめ

大丈夫に根拠はないが、失敗する「かも」にも根拠はない

外に出る勇気と自分を信頼する力

自信を持って言います。

全ての人がすでに勇気を持っています！


例えば今日外に出かけた人。

その人にしてみても、すごく勇気があると思います。

だって、外に出るということは、もしかしたら交通事故に巻き込まれるかもしれないわけですから！


でも私たちは毎日そんなことを考えながら外には出ませんよね。

ただコンビニに行くだけで「今日は事故に巻き込まれるかも」なんて言っていたら、もうどこにも出掛けられなくなりそうです。

だからこそもう一度言います！
フラッとコンビニに行ける全ての人が勇気を持っています！

ご飯を食べる時にしてもそうです。
「もしかしたら食べたらお腹を壊すかもしれない」という疑問を持つことはない。「ご飯を食べてお腹を壊すことなんて起きるはずがない」と片付けられている。

外に出る勇気。
ご飯を食べる勇気。

……すごいです。

そして、これらの勇気の裏には、「信頼」というものがあるはずなのです。

もし、アスファルトの道を信頼していなければ？
道を歩くことはできません。

もし、道行く人を信頼していなければ？
いつ攻撃されるか、怖くて怖くて、フラッとなんて行けたものではありません。

もし、お米を作ってくれた農家の人を信頼できなければ？
一粒、一粒、毒が盛られてないか検査しながら食べなければならず、そんな食事、いつになったら終わるか分かりません。

箸も「折れない」と信頼しているから、おかずがつかめます。

こんなふうにもし全てが信頼できなければ、あなたは外に出ること・ご飯を食べることに抵抗を覚えるはずなのです。
でもそんな抵抗を一切感じない。

それは、社会を信頼しているから。

だから、あなたは勇気を持って、フラッとコンビニにも行けるし、ご飯も食べられる。


もしも今、どんなに小さくて簡単な行動も起こせずに悩んでいる人へ。

行動を起こせないのはきっと「自分を信じられていない」からです。


でもこれっておかしいとは思いませんか？


だって、見ず知らずのコンビニの店員は信頼できるし、会ったこともない農家の人を信頼することはできるあなたです。

それなのに、今までずーーーっとあなたの一番近くにいた「あなた」のことを信頼できていないんですよ？

そんなの、「あなた」自身がかわいそうではありませんか。

このトピックの冒頭でお話しした通り、本来「勇気」とは全ての人に備わっているものです。

あとは、あなたが「あなた」自身を信頼してあげるだけ。

たったそれだけで、勇気が湧いてきます。

あなたが信じないで、誰があなたを信じてあげるんですか‼　です。

まとめ

あなたが今、生きているのは「生きる勇気」があるから

あなた「は」正しいし、相手「も」正しい

名探偵もびっくり。

真実はいつも1つじゃありません。

人は他人に対して、自分の「価値観・正しさ」を押し付けます。

僕もこうやって本を書くことで、自分の知識という風呂敷を広げていますが、決して「こうしなさい」とは言いません。

「あくまでも僕はこうやってるよ」レベルでお伝えしているだけです。

あなたのやり方は間違ってるなんて思いません。

もしあなたのやり方がうまくいかなければ、僕のやり方を試してみてねって感じです。

だから、もしもあなたが「私は正しくて、私以外は全て間違っている！」と考えているなら、それは違います。

たしかに、あなた「は」正しい。
でも、あなた以外「も」正しい。

そう、2つとも正解です。

実は科学も、正解は1つじゃないことを証明しています。

「光って何でできているの?」という問いに対して、
ある科学者は「光は粒子だ!」と言い、
また別の科学者は「光は波だよ!」と言ったのです。
波はひとつなぎになっていないと存在できませんから、粒子であるわけがありません。
だからこの2人の科学者はお互いに、
「お前は間違ってる!」「俺が正しい!」「こっちは正しいという証拠まであるぞ!」

とそれぞれの意見を主張しました。

でも検証を重ねた結果、両方正しかったのです。

今、「光とは何か」という問いに対する答えは、「光は波であり粒子である」です。そのことが、科学的に証明されました。

映画の感想も同じです。

同じ映画なのに、「面白い」と思った人もいるし、「つまらない」と思った人もいますよね。

こんなふうにこの世界は答えが1つとは限りません。

だからこそ、「こうに違いない!」と決めつけてしまっては、あなたの世界はそこで終わります。

ぜひ今日から、

「こうかもしれない!　でも、この可能性もあるかもしれない!」

そうやって可能性を拡げてみてください。

それこそが広い世界を生きるたった1つの方法なのです。

それでは最後にこの言葉を贈って、この本を締めたいと思います。
長いお付き合い、まことにありがとうございました。またどこかで。
「**相手が正しい時、私もまた正しいのだ**」

2016年吉日

嶋田将也

世界一受けたい

「心理学×哲学」の授業

著者　嶋田将也

2016年8月8日　初版発行

発行者　横内正昭
編集人　青柳有紀
発行所　株式会社ワニブックス
〒150-8482
東京都渋谷区恵比寿4-4-9　えびす大黒ビル
電話　03-5449-2711（代表）
　　　03-5449-2716（編集部）
ワニブックスHP　http://www.wani.co.jp/
WANI BOOKOUT　http://www.wanibookout.com/

印刷所　凸版印刷株式会社
DTP　株式会社三協美術
製本所　ナショナル製本

ISBN 978-4-8470-9480-4

デザイン　桑山慧人（prigraphics）
イラスト　赤尾真代
校正　玄冬書林
編集　岸田健児（ワニブックス）